ベストなら作れそう

シンプルベストからロングジレまで27点

塚田紀子

文化出版局

Contents

1 衿つきのショートベスト
photo p.04
how to make p.36

2 ノーカラーのショートベスト
photo p.05
how to make p.35

3 シンプルベスト
photo p.06
how to make p.38
Sewing Lesson 1 p.30

4 シンプルロングジレ
photo p.07
how to make p.39

5 カシュクールベスト
photo p.08
how to make p.40

6 圧縮ウールのショートベスト
photo p.09
how to make p.42

7 スクエアネックのベスト
photo p.10
how to make p.46

8 ジャンスカ風ベスト
photo p.11
how to make p.48

9 フーディベスト
photo p.12
how to make p.43

10 圧縮ウールのフーディロングジレ
photo p.13
how to make p.50

11 ブラウス風ベスト
photo p.14
how to make p.54

12 チュニック風ベスト
photo p.15
how to make p.56

13 テーラードカラーベスト
photo p.16
how to make p.51

14 ロングジレ
photo p.17
how to make p.58

15 デニムのベスト
photo p.18
how to make p.59
Sewing Lesson 2 p.32

16 リバーシブルベスト
photo p.19
how to make p.60
Sewing Lesson 3 p.33

17 ワンピース風ベスト
photo p.20
how to make p.64

18 チュニック風リバーシブルベスト
photo p.21
how to make p.61

19 ビブス風リバーシブルベスト
photo p.22
how to make p.66

20 圧縮ウールの2色使いベスト
photo p.23
how to make p.68

21 ビブス風ベスト
photo p.24
how to make p.69

22 ペプラムつきベスト
photo p.25
how to make p.70

23 マフラーのリメイクベスト (L、LLサイズ)
photo p.26
how to make p.72

24 マフラーのリメイクベスト (S、Mサイズ)
photo p.27
how to make p.72

25 ストール風ロングジレ
photo p.27
how to make p.74

26 スタンドカラーのベスト
photo p.28
how to make p.76

27 圧縮ウールの前後差ベスト
photo p.29
how to make p.78

詳しいプロセス写真解説 ≫ p.30

Sewing Lesson 1　基礎テクニックとバイアス始末のベスト
Sewing Lesson 2　見返し始末のベスト
Sewing Lesson 3　リバーシブルベスト

作りはじめる前に ≫ p.34

1

着ると前端が三角に折り返る、
衿つきのショートベスト。
シンプルな服に
サッとはおるだけで、
おしゃれ度がアップします。
───≫ p.36

ノーカラーのショートベスト。
1と同型で、こちらは衿なしタイプ。
ボタンをとめてもいいし、
はずして着ても。
――≫ p.35

2

3

プロセス写真の
Sewing Lesson 1 p.30

丸いネックラインの
シンプルベスト。
衿ぐりと袖ぐりは
共布のバイアス布で
仕末するだけなので
簡単です。
———≫ p.38

3と同型で、着丈を長くした
シンプルロングジレ。
こちらはポケットをつけました。
見返し始末なので、
丸いネックラインが
きれいに仕上がります。
——≫ p.39

4

5

前はシンプルで、
後ろは着物のような合せの
カシュクールベスト。
かぶって着られて、
前後を逆に着てもすてきです。
───≫ p.40

圧縮ウールのショートベスト。
圧縮ウールは切りっぱなしでも
ほつれないのがいいところ。
脇続きなので肩を縫うだけで
形になります。
——≫ p.42

6

7

四角い衿ぐりがキュートな、
スクエアネックのベスト。
ショート丈だと
足長に見える効果が。
かぶって着られます。
——≫ p.46

7と同型で、
こちらは着丈の長い
ジャンスカ風ベスト。
Uネックにしてポケットも
つけました。
胸ダーツがあるから
バストラインが
きれいに見えます。
──≫ p.48

8

9

フーディベストは、
フードが「むずかしいのでは？」と
敬遠しがちですが、
前身頃続きでいたってシンプル。
ファスナーだけがんばって作れば、
あとは簡単です。
———≫ p.43

10

圧縮ウールのフーディロングジレ。
圧縮ウールなので、
回りはすべて切りっぱなしでOK。
そのうえ気密性があるから
暖かさ抜群。
寒い季節のワードローブにぜひ！
　　　⟫ p.50

11

肩も脇も直線の**ブラウス風ベスト**。
ともすればシンプルに
なりがちなところ、
ロールカラーを
あしらって可憐に。
後ろがボタンあきです。
―――≫ p.54

12

11の身頃をアレンジして、
こちらはスカートをつけた
チュニック風ベスト。
ウエスト切替えに
ゴムテープを通したので
ブラウジングして着てください。
⟫ p.56

13

スタイリッシュな
テーラードカラーベストは、
意外と簡単に作れます。
ウエストを少し絞った
シルエットなので、
細見え効果があるんです。
———≫ p.51

13の衿をなくして着丈を長くしたら
こんな**ロングジレ**に。
シンプルだから、
一枚あるとワードローブで重宝します。
───≫ p.58

14

15

プロセス写真の
Sewing Lesson 2 p.32

デニムのベストは
一枚あるととても便利。
どんな服にも合うし、
四季を通して着られるし。
白いステッチとメタルのホックで
ジーンズっぽさ満開。
　　　――≫ p.59

16

プロセス写真の
Sewing Lesson 2 p.33

2種類の生地で作る
リバーシブルベスト。
どちらの面も着られます。
ポケットは2枚合せを
利用して、袋布なしで
作れるんです。
⟶ p.60

17

大胆な模様が映えるように、
デザインはごくシンプルにした
ワンピース風ベスト。
ゆるみがたっぷりで
楽なことこの上なし。
かぶって着られます。
───≫ p.64

18

無地とストライプ、
どちらの面も着られる
チュニック風リバーシブルベスト。
ペプラム部分は浮いていて、
動くたびに裏の生地が見えるのが
ポイントです。
――≫ p.61

19

ビブス風リバーシブルベスト。
スポーツシーンで目にする
ゼッケンみたいでユニークでしょ？
かぶって、脇のひもを結ぶだけ。
両面着られます。
⟶ ≫ p.66

20

19と全くの同型で、
前後を色違いにした
圧縮ウールの2色使いベスト。
ベルベットリボンは後ろで結んでも、
脇で結んでも、お好みで。
──≫p.68

21

p.22の19とほぼ同型で、脇でボタンどめにした**ビブス風ベスト**はシンプルな服のアクセントに。白い生地で作るとどんな色の服とも合わせやすいのでおすすめです。

⟶≫ p.69

22

p.22の19の前後身頃を、
ローウエスト切替えにした
ペプラムつきベスト。
気になるヒップが隠れる
うれしい着丈です。
───≫ p.70

マフラーの形をそのまま使って
後ろ身頃をつけただけの**リメイクベスト**。
長めのマフラー（長さ176cm）を使って
ゆったり大きめのL、LLサイズに。
肩がずれがちなところ、
ベストだと安定します。
お気に入りのブローチで
前をとめて。
———≫ p.72

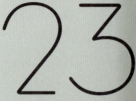

23

26

ダブルフェイスの生地は
一枚で両面使えて、
しかも切りっぱなしでもほつれない。
そんなメリットを生かした、
スタンドカラーのベストは
いかが。
———≫ p.76

27

圧縮ウールの前後差ベスト。
一枚でとても暖かい圧縮ウール。
しかも切っぱなしでも
ほつれないから
縫うところが少なくて、
簡単に作れます。
───≫ p.78

Sewing Lesson 1
基礎テクニックとバイアス始末のベスト

ベストを作るための基本的な縫い方を、やさしく解説します。
まずは、裾以外をバイアス布でくるんで始末するベストを作ってみましょう。

3
p.06

パターンの作り方

パターンの線をなぞる

実物大パターンの中にある作品番号とパーツ名を探し、作るサイズの線をマーカーでなぞる。

パーツを写す
パーツの上にハトロン紙などの透ける紙を重ねて線を写す。布目線や合い印、ポケットつけ位置、パーツ名なども写す。

縫い代をつける

作り方ページの裁合せ図を参照し、方眼定規を使って必要な縫い代を出来上り線と平行にかく。このあと、縫い代線で切り取り、縫い代つきのパターンを作る。

布を裁つ

必要なパーツを裁断する
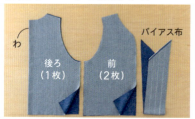
作り方ページの【裁合せ図】を参照して中表に折った布にパターンを配置し、パターンの周囲を切る。※印つけは不要です。ミシンの針板のガイドラインに布端を合わせて縫います。

準備

布端の始末をする

肩、脇の縫い代にロックミシン(またはジグザグミシン)をかける。

ミシン

1 肩を縫う

布端を針板のガイドラインに合わせる

1 前身頃と後ろ身頃を中表に合わせて肩をミシンで縫う。

2 縫ったところ。縫始めと縫終りは返し縫いをする。

3 アイロンで縫い代を割る。

ロックミシン

2 共布でバイアス布を作る
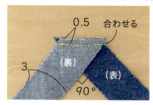

1 バイアス布を写真のように中表に合わせて縫う。

2 アイロンで割る。

3 はみ出ている部分をカットする。1〜3と同様につなげて1本にし、必要寸法を作る。

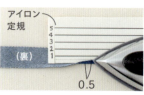

4 片側をアイロンで折る。アイロン定規(はがき程度の厚さの厚紙に線を引いておく)の線に布端を合わせながら折り上げ、アイロンで押さえる。

おすすめのミシン

ミシンは機能がいろいろあると高額になってしまうので、ソーイング初心者さんはとにかくボタンホールがきれいに作れる「家庭用ミシン」がおすすめ。ジグザグミシンで裁ち目かがりができますが、服作りがワンランクアップするのはやっぱり「ロックミシン」。「2本針4本糸」タイプだと縫いながら縁かがりができます。今回は、「1本針3本糸」にして、縫い代を縁かがりしました。

お気に入りの道具

眼鏡の上からかけられるクラフトルーペ(拡大鏡)。ちょうどいいサイズの裁ちばさみ。目打ち、糸切りばさみ、不織布製のアイロン定規。アイロンはコンパクトサイズで、かけ面が平らなドライタイプを愛用。スチームが必要な時は霧吹きを使います。アイロン台は足つきなのでテーブルとの間にすきまができて蒸れません。

3 前端から衿ぐりを始末する

1 身頃の前端から衿ぐりと、バイアス布のアイロンで折っていないほうを中表に合わせてまち針でとめる。余ったバイアス布はカットする。

2 ミシンで縫う。

3 カーブの部分に裁ちばさみの先を使って1cm間隔に切込みを入れる。

4 前の裾は、バイアス布を写真のようにカットする。

5 バイアス布を縫い目の際からアイロンで折る。

6 さらに縫い目から裏側に折り返してアイロムで整える。

7 バイアス布の折り山の際をミシンで縫う。

4 脇を縫い(肩を参照)、袖ぐりを始末する

8 アイロンで整える。

1 袖ぐりを衿ぐりと同様にバイアス布をまち針でとめる。始めは脇の縫い目に合わせて、バイアス布の端を1cm折る。

2 終りは、1cm折った上に重ねる。余分なバイアス布はカットする。

3 袖ぐりをぐるりと縫ったら、カーブの部分に切込みを入れる(3衿ぐりの3参照)。

5 裾を三つ折りにして縫う

4 バイアス布を裏側に折って整え、ミシンで縫う(3前端~衿ぐりの7参照)。

1 まず1cm折る。

2 さらに2cm折る。

3 三つ折りした折り山の際をミシンで縫う。出来上り。

Sewing Lesson 2
見返し始末のベスト
－肩から前身頃を引き出す縫い方－

15
p.18

準備

印をつける

ポケットつけ位置に、パターンの上から目打ちで穴をあける。パターンをはずして、布の穴にチョークペンシルで印をつける。

ボタンつけ位置も、ポケットつけ位置と同様に印をつける。

衿ぐりの後ろ中心を、パターンごと三角にカットする。見返しも同様。

見返しに接着芯をはる

作り方ページの【裁合せ図】を参照し、必要なパーツに布と同じ形に裁った接着芯をアイロンで接着する。

見返しで衿ぐりと袖ぐりを始末する

1 前見返しと後ろ見返しを中表に合わせて肩を縫い、縫い代は割る。

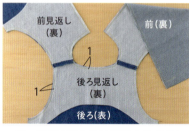
2 身頃と見返しを中表に合わせ、見返しの裾～前端～衿ぐり、袖ぐりを縫う。

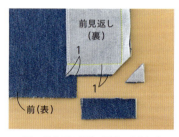
3 前身頃の裾を、写真のようにカットする。

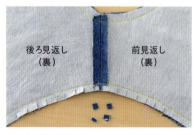
4 衿ぐりと袖ぐりのカーブの部分に1cm間隔に切込みを入れる。さらに肩の縫い代の袖ぐり側を写真のようにカットする（身頃も見返しも）。こうすることで縫い代がごろつかずに薄く仕上がる。

5 縫い代を、縫い目の際から見返し側にアイロンで折る。

6 後ろ身頃と見返しの肩の間から手を入れて、前身頃を引き出す。

7 前身頃を引き出して表に返したらアイロンで整える。

見返しから脇を続けて縫う

1 見返しを上側に倒して前後の脇を中表に合わせ、見返しから脇を続けて縫う。

2 縫い代は割る。見返しを表に返して整える。

Sewing Lesson 3
リバーシブルのベスト
ー裾の返し口から全部を引き出す「どんでん返し」の縫い方ー

肩から前身頃を引き出して形を整えたら裾を中表に合わせて縫い、
返し口から全部を引き出して表に返します。
ポケットは袋布なしで、表裏の布にステッチをかけただけです。

16
p.19

表身頃と裏身頃を縫い返す

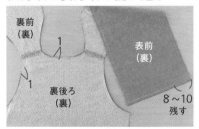

表身頃、裏身頃ともに肩を縫って割り、中表に合わせて袖ぐりと前裾〜前端〜衿ぐりを縫う。このとき前裾の脇側は 8〜10cm 縫い残す。このあと、p.32 の 4〜7 を参照して表に返す。

脇を続けて縫う

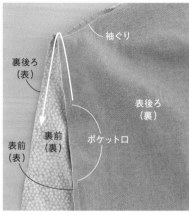

表身頃どうし、裏身頃どうしの脇を中表に合わせて続けて縫う。このとき、表身頃のポケット口を縫い残す。縫い代は、表身頃は割り、裏身頃は後ろ側に倒す。

ポケット口を縫う

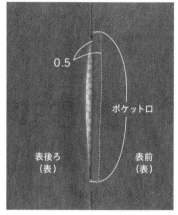

表に返し(p.32 の 6 参照)、表前身頃のポケット口にステッチをかける(裏身頃はよける)。

裾を縫う

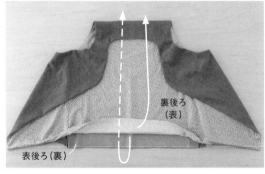

1 表身頃、裏身頃の裾どうしを身頃を包むように中表に合わせる。

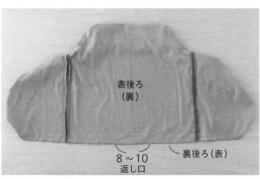

2 前裾の縫い残したところから裾を縫う。このとき、後ろ身頃に返し口を縫い残す。返し口から表に返して返し口をまつる。

ポケットにステッチをかける

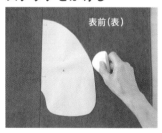

1 袋布のパターンをポケット口の印に合わせて重ね、周囲に印をつける。

2 表身頃と裏身頃を重ねたまま、1でつけた印にステッチをかける。続けて後ろ身頃の縫い代を押さえるステッチもかける。

作りはじめる前に

サイズについて

- この本の作品は、S・M・L・LLの4サイズが作れます。
着る人のサイズに合ったパターンを右記の参考寸法表と、各作品に出来上り寸法を表記したので、参照して選んでください。
- 着丈などは、着る人に合わせたり、好みなどで調節してください。

参考寸法表　　　　　　　単位はcm

	S	M	L	LL
バスト	78	84	90	96
ウエスト	60	66	72	78
ヒップ	88	94	100	106
身長	160	160	160	160

＊モデルは身長＝168cm
バスト＝78、ウエスト＝60、ヒップ＝87cm
Sサイズを着用しています

裁合せについて

布の裁合せはサイズによって配置が異なる場合があります。
まず、すべてのパターンを配置して確認してから布を裁断してください。

実物大パターンについて

付録の実物大パターンには縫い代がついていません。
「裁合せ図」を見て縫い代をつけてください。

針と糸について

この本の作品は11番ミシン針、60番ミシン糸で縫いました。

2 ノーカラーのショートベスト

⟶ p.05 実物大パターン **A** 面

＊文中、図中の4つ並んだ数字は、サイズ S、M、L、LL。1つは共通

【出来上り寸法】
バスト … 約 115.5、121.5、127.5、133.5 cm
着丈 … 53、53.5、53.5、54 cm

【材料】
布[リネン] … 150cm幅 110、110、110、120cm
ボタン … 直径2cmを1個
スナップ … 直径7mmを1組み

【作り方】
準備　肩と脇の縫い代にジグザグミシンをかける
1. 肩を縫い、縫い代は割る(p.30 参照)
2. 衿ぐりをバイアス布で始末する(p.31 参照)
3. 脇を縫い、縫い代は割る
4. 袖ぐりをバイアス布で始末する(p.31 参照)
5. 布ループを作ってはさみ、前端を三つ折りにして縫う(図参照)
6. 裾を三つ折りにして縫う(図参照)
7. ボタンとスナップをつける(図参照)

【裁合せ図】

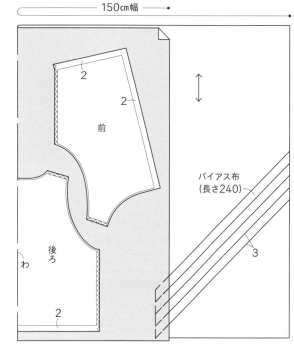

＊指定以外の縫い代は1cm
＊〰〰＝ジグザグミシンをかけておく

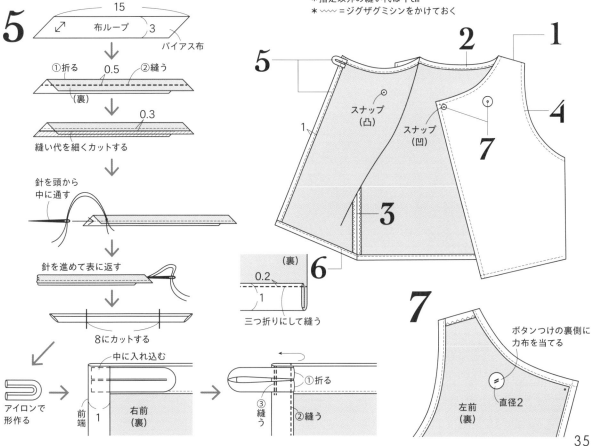

1 衿つきのショートベスト

⟶ p.04　実物大パターン **A** 面

＊文中、図中の4つ並んだ数字は、サイズ S、M、L、LL。1つは共通

【出来上り寸法】
バスト … 約 115.5、121.5、127.5、133.5 cm
着丈 … 53、53.5、53.5、54 cm

【材料】
布［リネン］… 150cm幅 110、110、110、120cm

【作り方】
準備　肩と脇の縫い代にジグザグミシンをかける
1. 肩を縫い、縫い代は割る (p.30 参照)
2. 衿を作り、衿ぐりをバイアス布で始末する (図参照)
3. 脇を縫い、縫い代は割る
4. 袖ぐりをバイアス布で始末する (p.31 参照)
5. 前端を三つ折りにして縫う (図参照)
6. 裾を三つ折りにして縫う (図参照)

【裁合せ図】

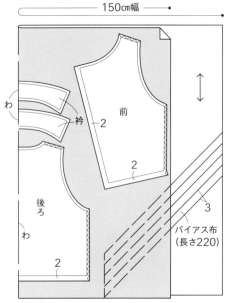

＊指定以外の縫い代は 1 cm
＊〜〜〜＝ジグザグミシンをかけておく

2

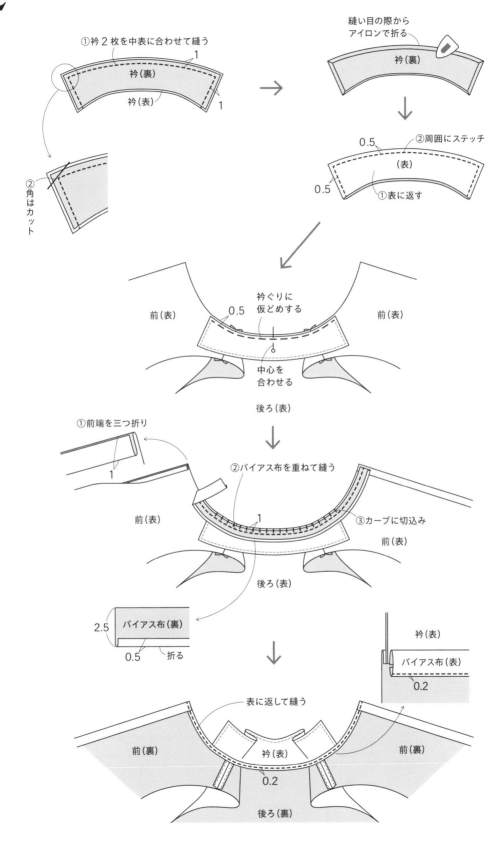

3 シンプルベスト

——>>> p.06　実物大パターン **A**面

＊文中、図中の4つ並んだ数字は、サイズS、M、L、LL。1つは共通

【出来上り寸法】
バスト … 約 115.5、121.5、127.5、133.5cm
着丈 … 53、53.5、53.5、54cm

【材料】
布［リネン］… 145cm幅 80、90、90、100cm

【作り方】
準備　肩と脇の縫い代にジグザグミシンをかける
1　肩を縫い、縫い代は割る
2　衿ぐりから前端をバイアス布で始末する
3　脇を縫い、縫い代は割る
4　袖ぐりをバイアス布で始末する
5　裾を三つ折りにして縫う
＊ 1、2、4、5は p.30、31 を参照

【裁合せ図】

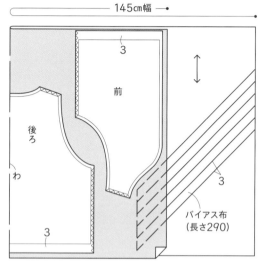

＊指定以外の縫い代は 1 cm
＊〜〜〜＝ジグザグミシンをかけておく

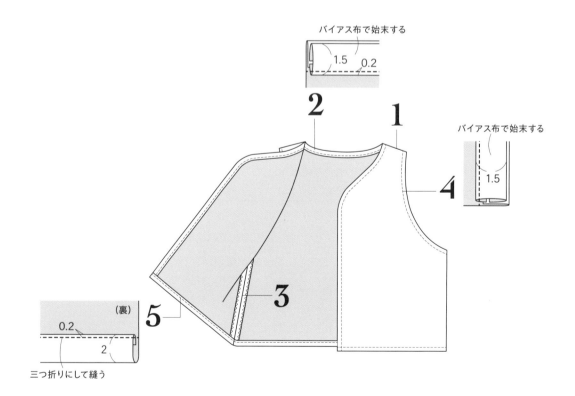

4 シンプルロングジレ

⟹ p.07　実物大パターン **A** 面

＊文中、図中の4つ並んだ数字は、サイズ S、M、L、LL。1つは共通

【出来上り寸法】
バスト … 約 115.5、121.5、127.5、133.5cm
着丈 … 91、91.5、91.5、92cm

【材料】
布[リネン] … 112cm幅 230、230、240、240cm
接着芯 … 90cm幅 100cm

【作り方】
準備　前後見返しに接着芯をはる。
　　　脇の縫い代、ポケットの3辺、前後見返しの下側にジグザグミシンをかける

1　ポケットを作り、つける(p.59参照)
2　肩を縫い、縫い代は割る(p.30参照)
3　衿ぐり、袖ぐりを見返しで始末する(p.32参照)
4　見返しから続けて脇を縫い、縫い代は割る
　　(p.32参照)
5　裾を三つ折りにして縫う(p.31参照)

【裁合せ図】

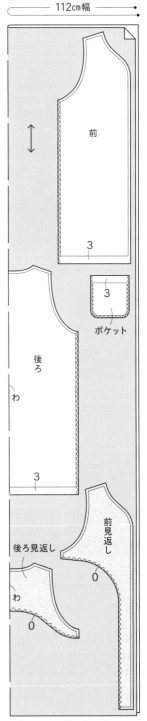

＊指定以外の縫い代は1cm
＊▨ ＝接着芯
＊〜〜〜 ＝ジグザグミシンをかけておく

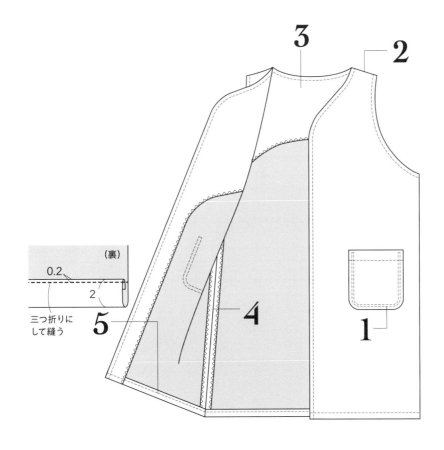

5 カシュクールベスト

→≫ p.08　実物大パターン **A** 面

＊文中、図中の4つ並んだ数字は、サイズ S、M、L、LL。1つは共通

【出来上り寸法】
バスト … 113.5、119.5、125.5、131.5cm
着丈 … 64、64、64.5、64.5cm（前）

【材料】
布[リネン] … 145cm 幅 120、130、130、140cm

【作り方】
準備　肩と脇の縫い代にジグザグミシンをかける
1. 肩を縫い、縫い代は割る（図、p.30 参照）
2. 衿ぐりをバイアス布で始末する（図、p.31 参照）
3. 後ろ端を脇に仮どめする（図参照）
4. 脇を縫い、縫い代は割る
5. 袖ぐりをバイアス布で始末する（p.31 参照）
6. 裾を三つ折りにして縫う（p.31 参照）

【裁合せ図】

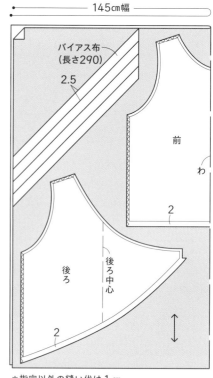

＊指定以外の縫い代は1cm
＊〜〜〜＝ジグザグミシンをかけておく

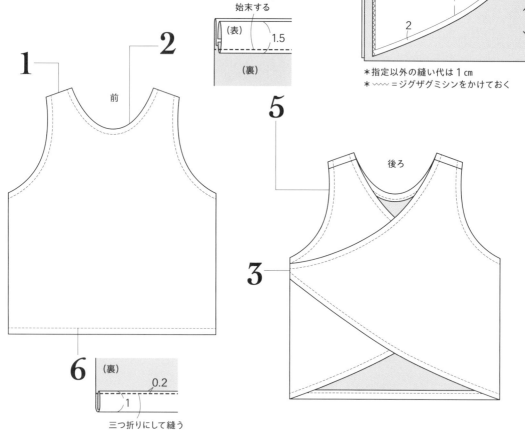

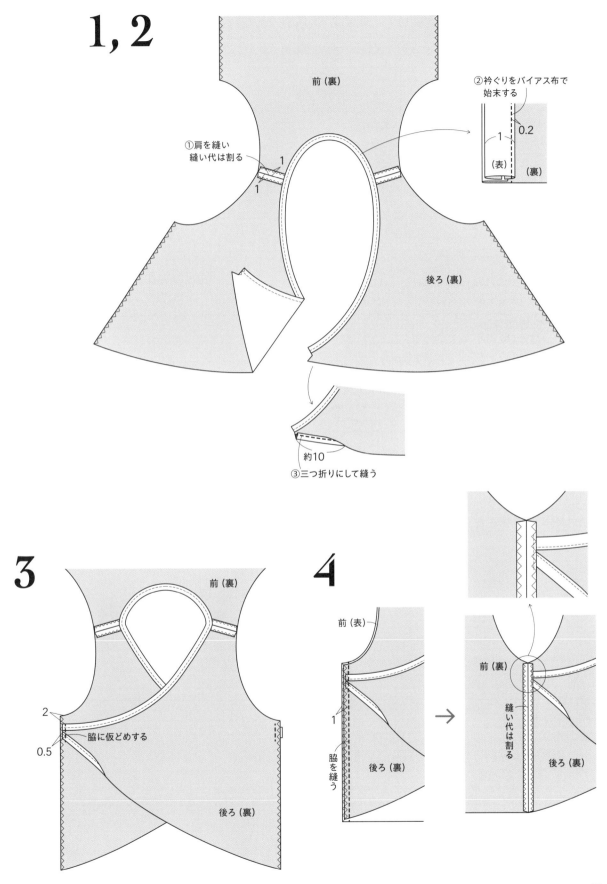

6 圧縮ウールのショートベスト

⟶ p.09　実物大パターン **A** 面

＊文中、図中の4つ並んだ数字は、サイズ S、M、L、LL。1つは共通

【出来上り寸法】
バスト … 115.5、121.5、127.5、133.5cm
着丈 … 47.5、47.5、48、48cm（前）

【材料】
布［圧縮ウール］… 145cm幅 60cm
ボタン … 直径1.8cmを4個

【作り方】
1　飾りフラップをつける（図参照）
2　肩を縫い、縫い代は割る（p.30参照）
3　衿ぐり～後ろ端～裾、袖ぐりにステッチをかける（図参照）
4　ボタンホールを作り（図参照）、ボタンをつける
＊脇続きなので、肩を縫えばほぼ形が完成。
　圧縮ウールは切りっぱなしで大丈夫。裁ち端にステッチをかけることで伸止めとほつれ止めになる。

【裁合せ図】

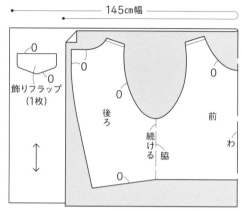

＊指定以外の縫い代は1cm

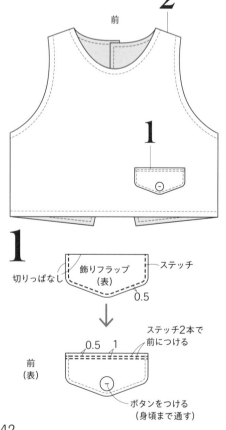

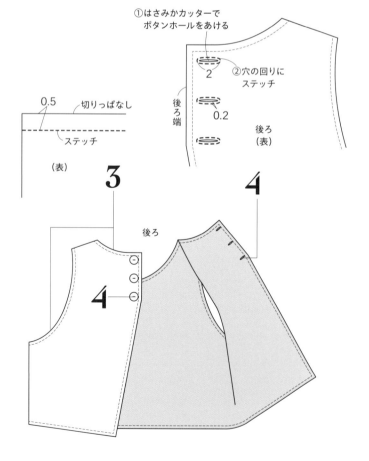

9 フーディベスト

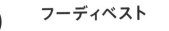

⟶≫ p.12　実物大パターン **B** 面

＊文中、図中の4つ並んだ数字は、サイズ S、M、L、LL。1つは共通

【出来上り寸法】
バスト … 約 99、105、111、117cm
着丈 … 63、63、63.5、63.5cm

【材料】
布 [リネンチェック]…
　150cm幅 100、100、100、110cm
接着芯 … 30 × 100cm
オープンファスナー … 52cm
ファスナー用押え金

【作り方】
準備　前見返し、前後袖ぐり見返しに接着芯をはる。
　　　脇、袋布の縫い代、前見返し、前後袖ぐり見返しの
　　　外側にジグザグミシンをかける

1　ファスナーを前端につける (p.44 参照)
2　フードの後ろ中心を縫う (p.44 参照)
3　肩〜衿ぐり〜肩を縫う (p.44、45 参照)
4　見返しでフード続きの前端を始末する (p.45 参照)
5　袖ぐりを見返しで始末する (p.65 参照)
6　見返しから続けて、ポケット口を残して脇を縫う (p.49 参照)
7　袋布をつける (p.49 参照)
8　裾を三つ折りにして縫う (図参照)

【裁合せ図】

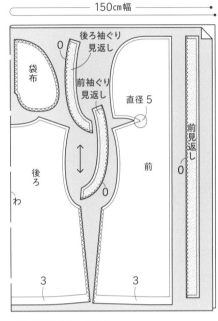

＊指定以外の縫い代は 1cm
＊ ▨ = 接着芯
＊ 〰 = ジグザグミシンをかけておく

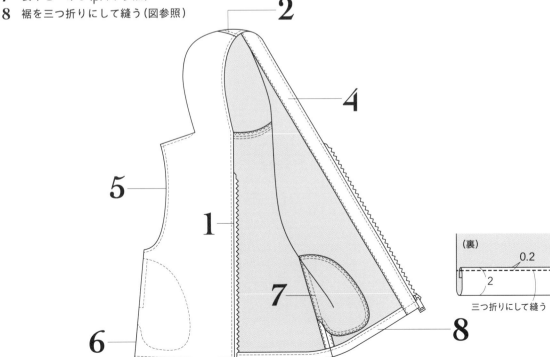

三つ折りにして縫う

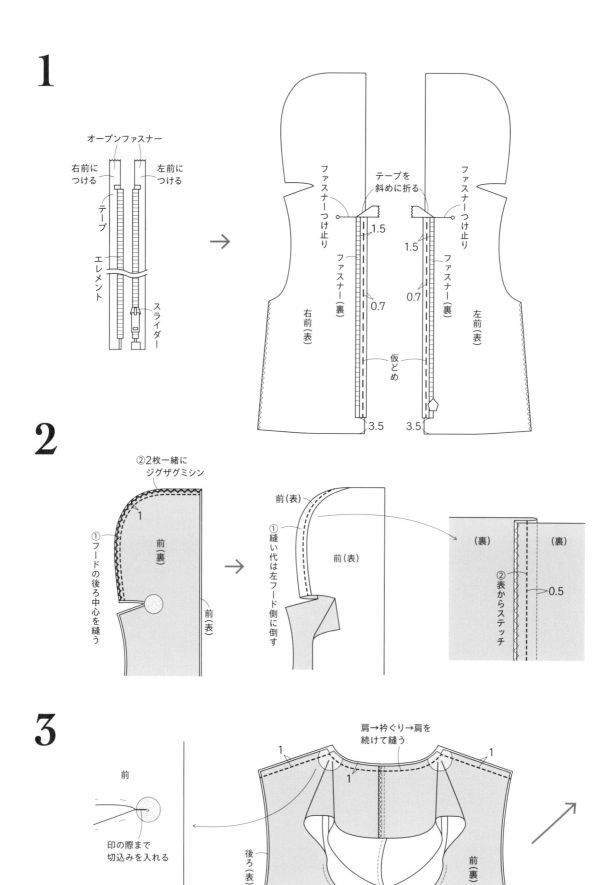

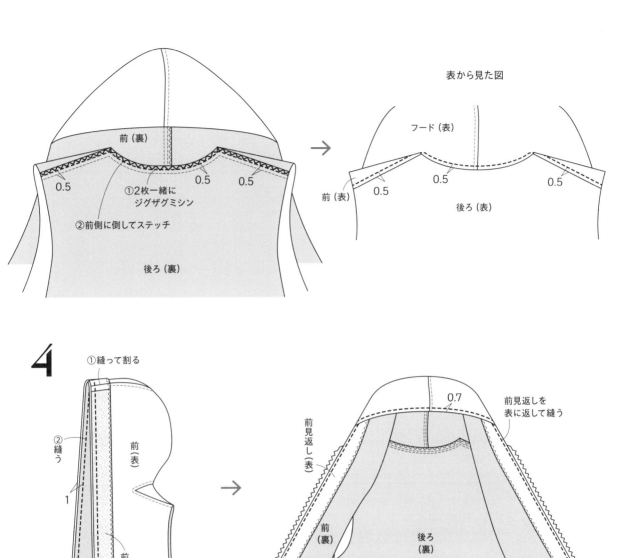
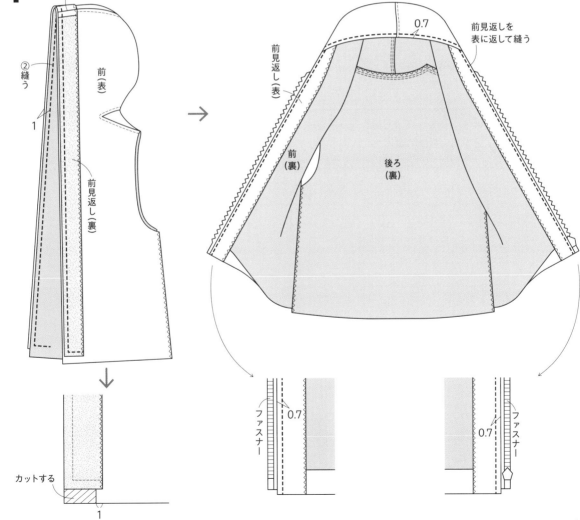

45

7 スクエアネックのベスト

→» p.10　実物大パターン **C** 面

＊文中、図中の4つ並んだ数字は、サイズ S、M、L、LL。1つは共通

【出来上り寸法】
バスト … 100、106、112、118cm
着丈 … 54.5、54.5、55、55cm

【材料】
布[リネンプリント] … 145cm幅 100cm
接着芯 … 90cm幅 60、60、60、70cm

【作り方】
準備　前後見返しに接着芯をはる。脇の縫い代、見返しの下側にジグザグミシンをかける

1. ダーツを縫う(図参照)
2. 前後とも見返しで衿ぐり、袖ぐりを始末する(図参照)
3. 身頃と見返しの肩をそれぞれ縫う。2の縫い残しを縫う(図参照)
4. 見返しから続けて、スリットを残して脇を縫う(図参照)
5. 縫い代は割り、スリットを縫う(図参照)
6. 裾を三つ折りにして縫う(図参照)
7. 衿ぐり、袖ぐりにステッチをかける

＊ 2、3は肩幅がせまい場合の「見返しで始末」の縫い方。途中、ミシンで縫いにくいところは手縫いで大丈夫。

【裁合せ図】

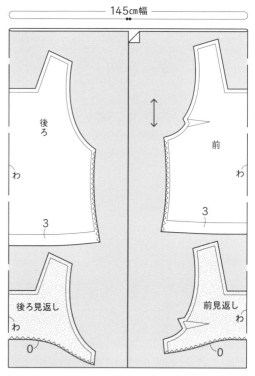

＊指定以外の縫い代は1cm
＊ □ =接着芯
＊ ～ =ジグザグミシンをかけておく

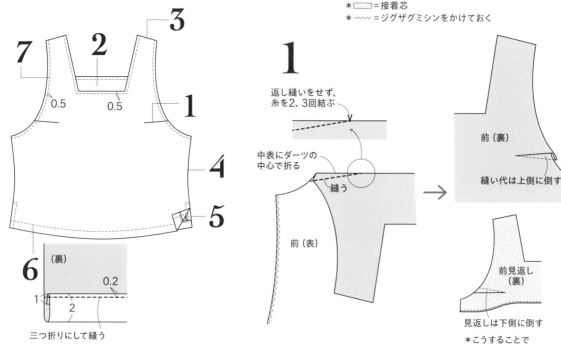

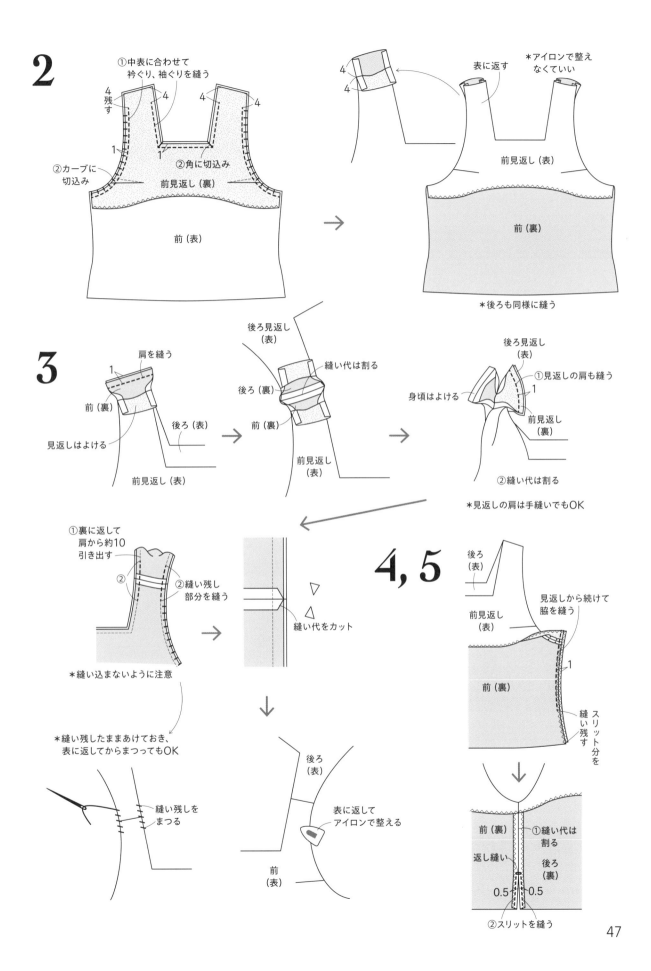

ジャンスカ風ベスト

⟶ p.11　実物大パターン **C**面

＊文中、図中の4つ並んだ数字は、
サイズ S、M、L、LL。1つは共通

【裁合せ図】

【出来上り寸法】

バスト … 100、106、112、118cm
着丈 … 115、115、115.5、115.5cm

【材料】

布[コットンツイル] … 112cm幅 310、310、310、320cm
接着芯 … 90cm幅 60、60、60、70cm

【作り方】

準備　前後見返しに接着芯をはる。脇、袋布の縫い代、
　　　前後見返しの下側にジグザグミシンをかける

1　ダーツを縫う(p.46参照)
2　前後とも見返しで衿ぐり、袖ぐりを始末する(p.47参照)
3　身頃と見返しの肩をそれぞれ縫う。2の縫い残しを縫う
　 (p.47参照)
4　見返しから続けて、ポケット口、スリットを残して脇を縫う(図参照)
5　縫い代は割り、スリットを三つ折りにして縫う(図参照)
6　袋布をつける(図参照)
7　裾を三つ折りにして縫う(図参照)
8　衿ぐり、袖ぐりにステッチをかける

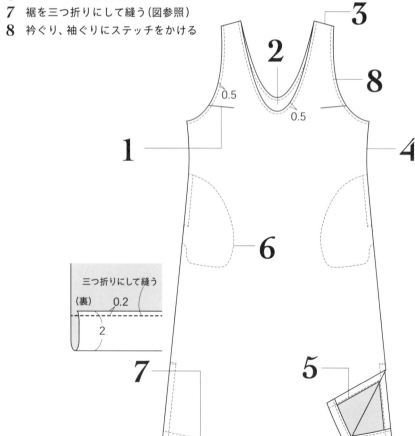

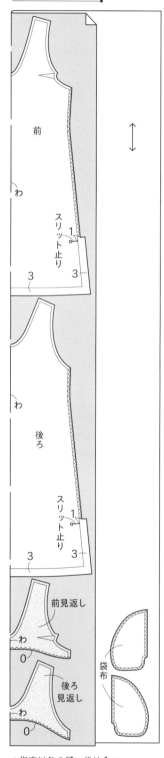

＊指定以外の縫い代は1cm
＊▨ =接着芯
＊〰〰 =ジグザグミシンをかけておく

4, 5

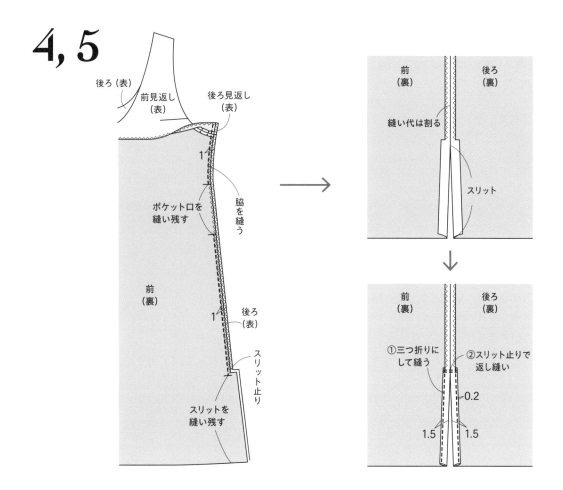

6

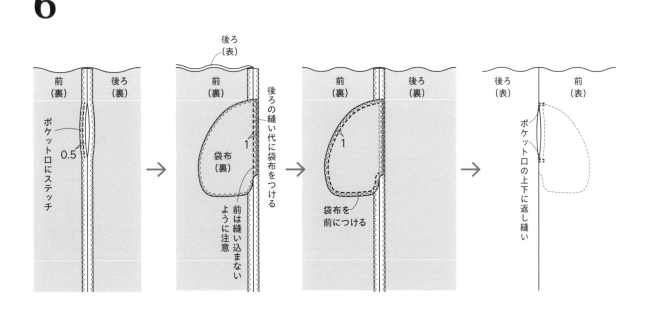

10 圧縮ウールのフーディロングジレ

⟶ p.13　実物大パターン **B** 面

＊文中、図中の４つ並んだ数字は、サイズ S、M、L、LL。1つは共通

【出来上り寸法】
バスト … 約 105、111、117、123cm
着丈 … 118、118、118、118.5cm

【材料】
布[圧縮ウール] … 145cm 幅 150、150、150、160cm
バイアステープ … 1.5cm 幅 30cm

【作り方】
1. ポケットを作り、つける(図参照)
2. フードの後ろ中心を縫い、縫い代は割ってステッチをかける(図参照)
3. 肩～衿ぐり～肩を縫う(p.44、45参照)
4. 縫い代は割り、バイアステープでくるむ(図参照)
5. 脇を縫い、縫い代は割る
6. 衿ぐり～前端～裾、袖ぐりにステッチをかける(p.42参照)

＊圧縮ウールは切りっぱなしで大丈夫。裁ち端にステッチをかけることで伸止めとほつれ止めになる。

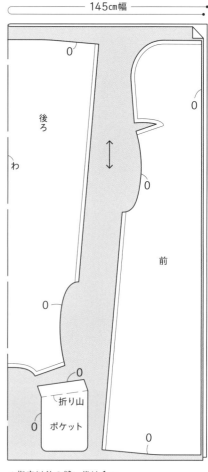

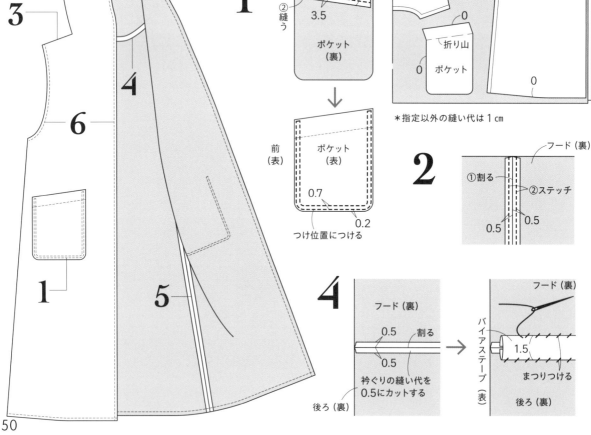

13 テーラードカラーベスト

→ p.16　実物大パターン **B**面

＊文中、図中の4つ並んだ数字は、
サイズ S、M、L、LL。1つは共通

【出来上り寸法】
バスト … 96.5、102.5、108.5、114.5cm
着丈 … 80、80、80.5、80.5cm

【材料】
布［コットンリネンストライプ］…
　112cm幅 210、210、230、240cm
接着芯 … 90cm幅 100cm
ボタン … 直径2.3cmを1個

【作り方】
準備　裏衿、前後見返しに接着芯をはる。後ろ中心、脇の縫い代、前後見返しの下側にジグザグミシンをかける

1. 見返しの肩を縫い、縫い代は割る（p.52参照）
2. 見返しと表衿を縫い合わせる（p.52参照）
3. 肩を縫い、縫い代は割る（p.52参照）
4. 後ろ中心を縫い、縫い代は割る（p.52参照）
5. 裏衿の後ろ中心を縫い、縫い代は割る。身頃と裏衿を縫い合わせる（p.52参照）
6. 「身頃と裏衿」と「見返しと表衿」を中表に合わせて、前裾～前端～衿の外回りを縫う（p.53参照）
7. 見返しから続けて脇を縫い、縫い代は割る（p.31、53参照）
8. 裾を三つ折りにして縫う（図参照）
9. ボタンホールを作り、ボタンをつける

【裁合せ図】

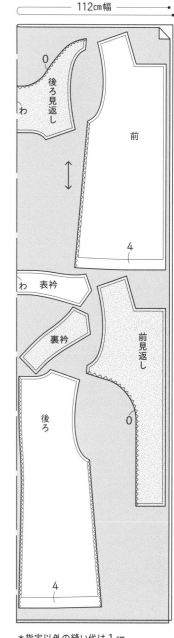

＊指定以外の縫い代は1cm
＊▨＝接着芯
＊〜〜〜＝ジグザグミシンをかけておく

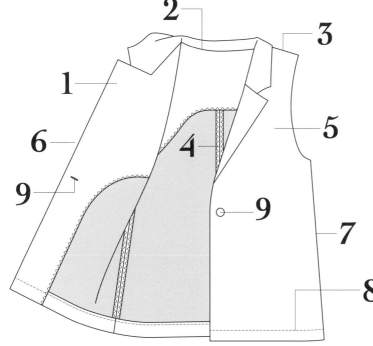

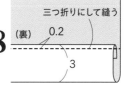

1

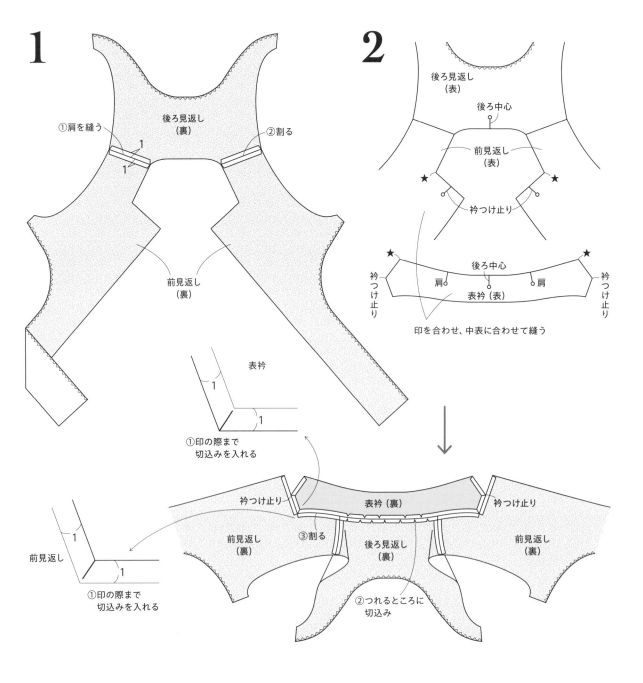

3-5

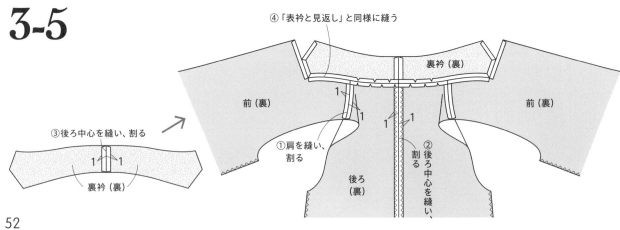

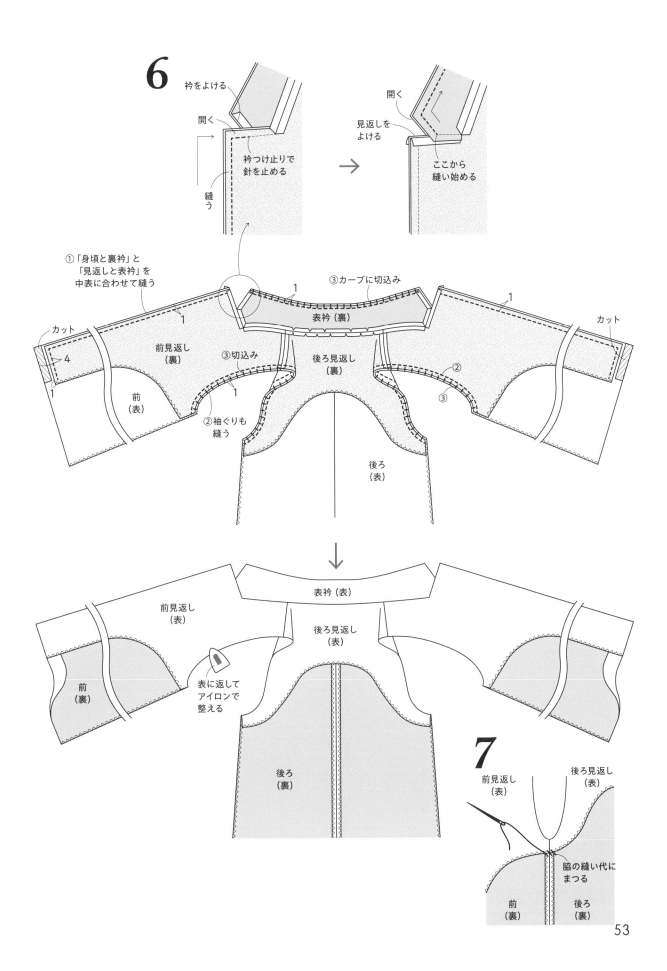

11 ブラウス風ベスト

⟶ p.14　実物大パターン **C** 面

＊文中、図中の4つ並んだ数字は、
サイズ S、M、L、LL。1つは共通

【出来上り寸法】
バスト … 127、133、139、145cm
着丈 … 61、61.5、61.5、62cm

【材料】
布［コットンプリント］…
　108cm幅 140、140、190、200cm
くるみボタン … 直径1.3cmを1個

【作り方】
準備　肩、脇、後ろ中心の縫い代にジグザグミシンを
　　　かける
1　後ろ中心を縫い、縫い代は割る（図参照）
2　布ループを作る（p.35参照）。後ろあきを
　三つ折りにして、布ループをはさんで縫う（図参照）
3　肩を縫い、縫い代は割る（p.30参照）
4　衿を作り、つける（図参照）
5　脇を縫い、縫い代は割る
6　袖口を三つ折りにして縫う（図参照）
7　裾を三つ折りにして縫う（図参照）
8　くるみボタンを作り、つける

【裁合せ図】

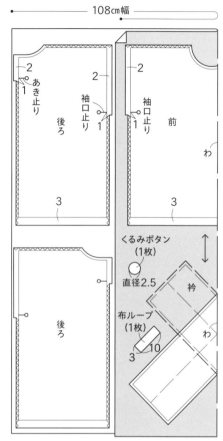

＊指定以外の縫い代は1cm
＊〜〜〜＝ジグザグミシンをかけておく

【衿の製図】

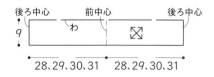

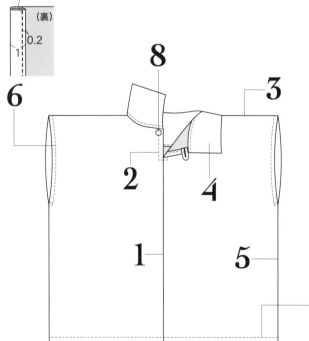

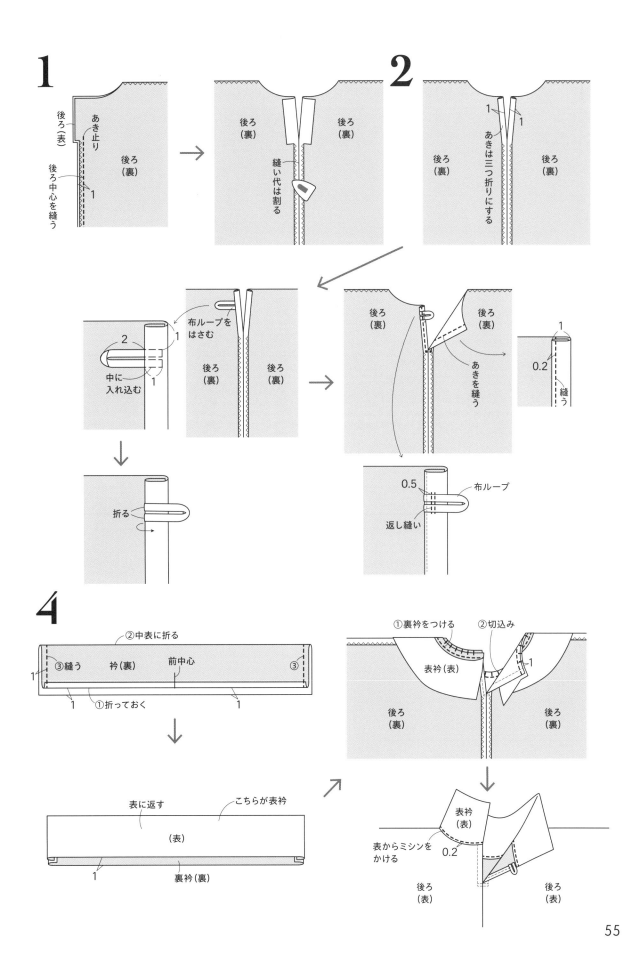

12 チュニック風ベスト

>>> p.15　実物大パターン **C**面

＊文中、図中の4つ並んだ数字は、サイズ S、M、L、LL。1つは共通

【出来上り寸法】
バスト … 127、133、139、145cm
着丈 … 99.5、100、100、100cm

【材料】
布[コットン混紡プリント] …
　120cm幅 170、180、180、190cm
接着芯 … 30×40cm
ゴムテープ … 1cm幅 80、90、90、100cm

【作り方】
準備　前後見返しに接着芯をはる。
　　　身頃の肩と脇、スカートの脇の縫い代、
　　　見返しの外回りにジグザグミシンをかける

1　肩を縫い、縫い代は割る(p.30参照)
2　衿ぐりを見返しで始末する(図参照)
3　脇を縫い、縫い代は割る(図参照)
4　袖口を三つ折りにして縫う(図参照)
5　スカートの脇を縫い、縫い代は割る。身頃とスカートを縫い合わせてウエストにゴムテープを通す(図参照)
6　ひもを作り、ウエストのゴムテープに結ぶ(図参照)
7　裾を三つ折りにして縫う(図参照)

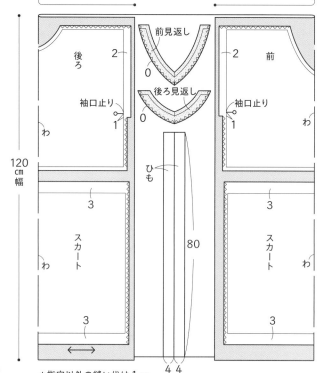

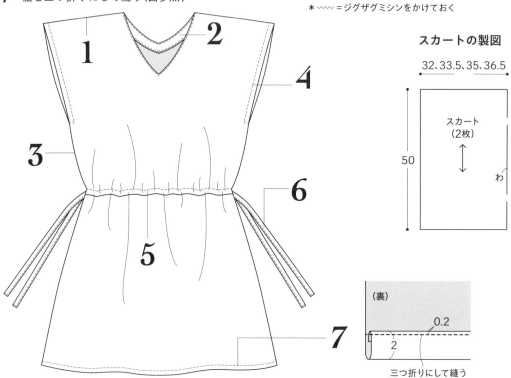

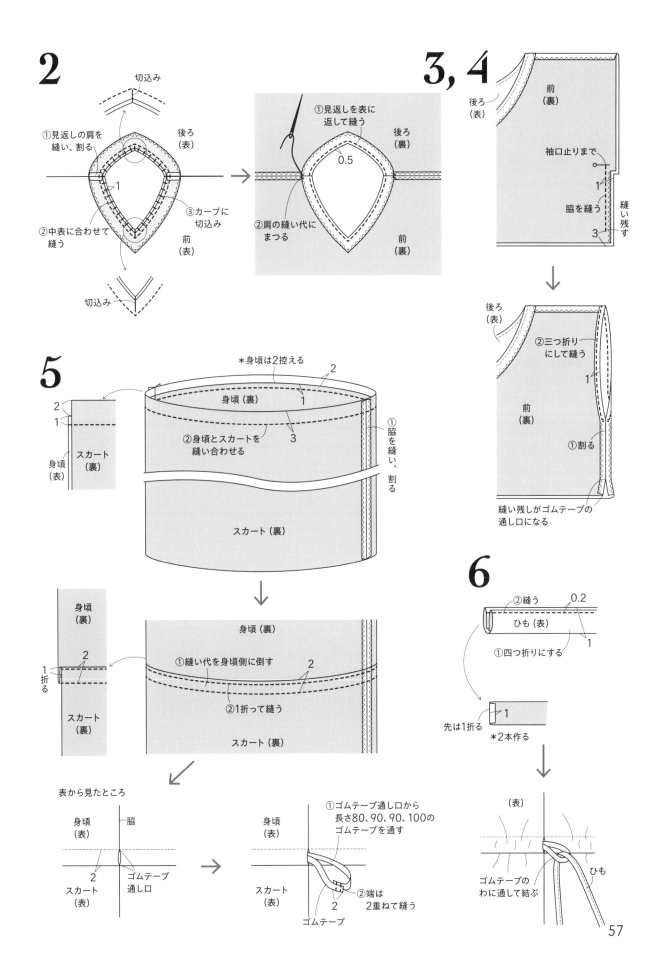

14 ロングジレ

→ p.17　実物大パターン **B** 面

＊文中、図中の4つ並んだ数字は、サイズ S、M、L、LL。1つは共通

【出来上り寸法】
バスト … 96.5、102.5、108.5、114.5cm
着丈 … 118、118、118、118.5cm

【材料】
布[リネン] … 145cm幅 250、250、250、260cm
ボタン … 直径2.1cmを1個
接着芯 … 90cm幅 120、120、120、160cm

【作り方】
準備　前後見返しに接着芯をはる。脇の縫い代、見返しの下側、袋布の周囲にジグザグミシンをかける

1. 肩を縫い、縫い代は割る（p.30参照）
2. 後ろ中心を縫い、縫い代は割る
3. 見返しで衿ぐり、袖ぐりを始末する（p.32参照）
4. 前に袋布をつけて、見返しから続けて、ポケット口を残して脇を縫う（p.65参照）
5. もう1枚の袋布をつけて脇ポケットを作る（p.65参照）
6. 裾を三つ折りにして縫う（図参照）
7. ボタンホールを作り、ボタンをつける

【裁合せ図】

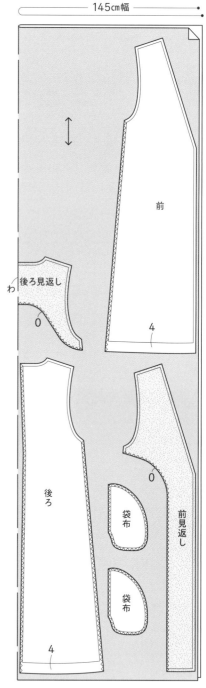

＊指定以外の縫い代は1cm
＊ ▨ ＝接着芯
＊ 〜〜〜 ＝ジグザグミシンをかけておく

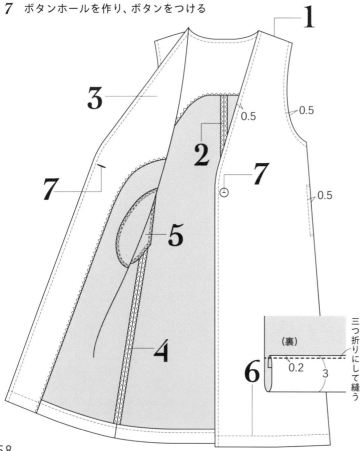

15 デニムのベスト

⟶ p.18　実物大パターン **A**面

＊文中、図中の4つ並んだ数字は、サイズ S、M、L、LL。1つは共通

【出来上り寸法】
バスト … 115.5、121.5、127.5、133.5cm
着丈 … 63、63.5、63.5、64cm

【材料】
布［デニム］… 118cm幅 170、170、180、190cm
バネホック … 直径1.3cmを5組み
接着芯 … 90cm幅 70、70、80、80cm
30番ミシン糸（ステッチ用）

【作り方】
準備　前後見返しに接着芯をはる。
　　　　脇の縫い代、見返しの下側にジグザグミシンをかける

1　ポケットを作り、つける（図参照）
2　肩を縫い、縫い代は割る（p.30参照）
3　見返しで衿ぐり、袖ぐりを始末する
4　見返しから続けて脇を縫い、縫い代は割る
5　裾を三つ折りにして縫う
6　衿ぐり〜前端、袖ぐりにステッチをかける（ポケット参照）
7　バネホックをつける
＊3、4は p.32を参照

【裁合せ図】

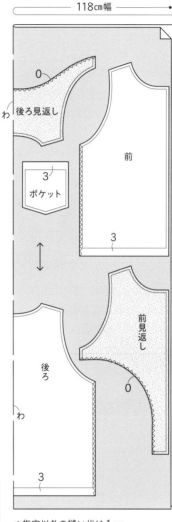

＊指定以外の縫い代は1cm
＊▨＝接着芯
＊〜〜〜＝ジグザグミシンをかけておく

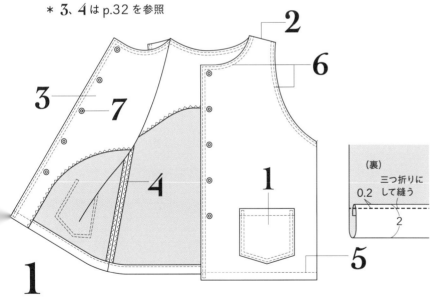

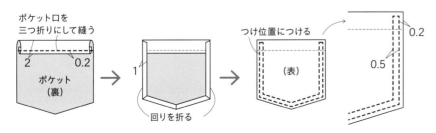

「バネホック」（左）。バネが入って「プチッ」と軽快な音で容易に開け閉めできるスナップ。打ち具つきで普通地から厚地まで使用可能。右はp.21の18につけた「ワンタッチプラスナップスリム」。

16 リバーシブルベスト

⟶ p.19　実物大パターン **A** 面

＊文中、図中の4つ並んだ数字は、サイズ S、M、L、LL。1つは共通

【出来上り寸法】

バスト … 約 115.5、121.5、127.5、133.5cm
着丈 … 66、66.5、66.5、67cm

【材料】

布[表布／ウールライクストレッチツイード]…
　145cm幅 80、80、100、100cm
布[裏布／しなやか起毛チェック千鳥格子 化繊]…
　140cm幅 80、80、100、100cm

【作り方】

1. 表布、裏布とも肩を縫って割る
2. 表布と裏布を中表に合わせて衿ぐり～前端～前裾、袖ぐりを縫い、表に返す
3. 裏布から表布を続けて、表布はポケット口を残して脇を縫う。表布の縫い代は割り、裏布の縫い代は後ろ側に倒す
4. 表身頃のポケット口にステッチをかける
5. 表身頃と裏身頃を中表に合わせて、前裾の縫い残し～後ろ裾を返し口を残して縫う。返し口から表に返し、返し口をまつる
6. 袋布のステッチをかける
7. 周囲にステッチをかける

＊ 1～6 は p.33 を参照

【裁合せ図】

＊表布、裏布共通

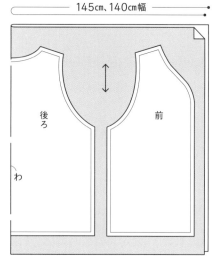

＊1cmの縫い代をつけて裁つ

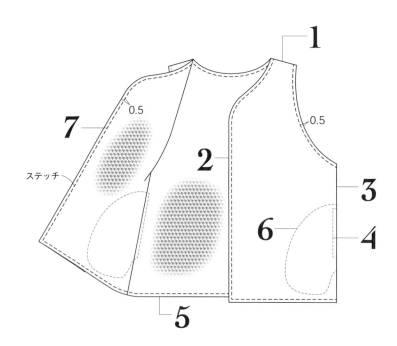

18 チュニック風リバーシブルベスト
⟹ p.21　実物大パターン **C**面

＊文中、図中の4つ並んだ数字は、サイズ S、M、L、LL。1つは共通

【出来上り寸法】
バスト…
127、133、139、145cm
着丈…74.5、75、75、75cm

【材料】
布[表布／リネン]…
145cm幅 170cm
布[裏布／コットンシルクストライプ]
…114cm幅 170cm
プラスナップスリム…
直径1.3cmを5組み

【作り方】
準備　ペプラムの脇の縫い代にジグザグミシンをかける

1. 表布、裏布とも肩を縫い、縫い代は割る(p.30参照)
2. 表布と裏布を中表に合わせて衿ぐり〜前端、袖口を縫い、表に返す(p.62参照)
3. 表布と表布、裏布と裏布を中表に合わせて脇を縫い、縫い代は割る(p.63参照)
4. 表布、裏布ともペプラムの脇を縫い、縫い代は割る。前端と裾を三つ折りにして縫う。身頃つけ側にギャザーミシンをかける(p.63参照)
5. 表布、裏布ともペプラムにギャザーを寄せて身頃と縫い合わせる(p.63、71参照)
6. 衿ぐり〜前端、袖口にステッチをかける。前端と脇にミシンをかけて表布と裏布を縫いとめる(p.63参照)
7. プラスナップスリムをつける(p.63参照)

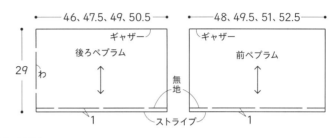

【ペプラムの製図】

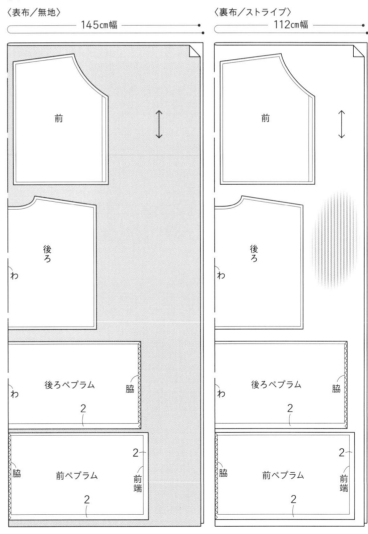

【裁合せ図】

＊指定以外の縫い代は1cm
＊〜〜＝ジグザグミシンをかけておく

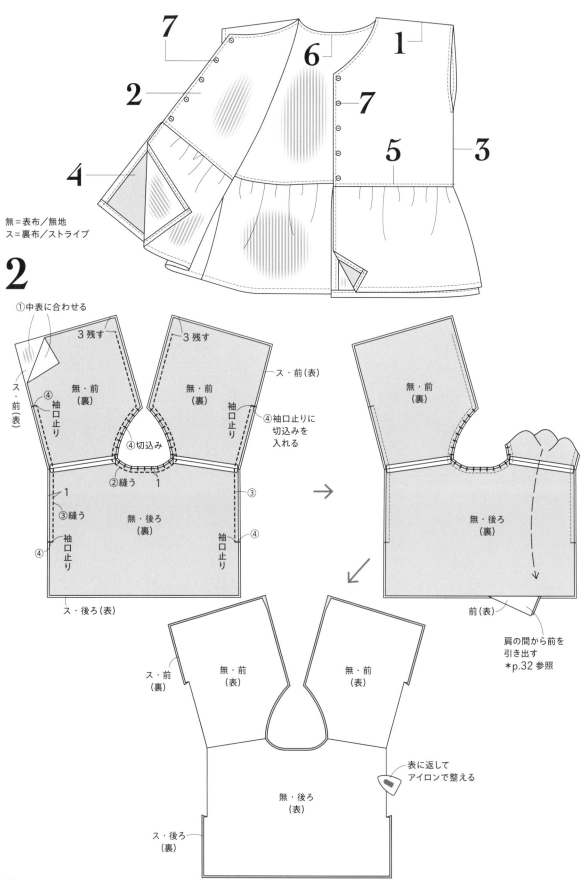

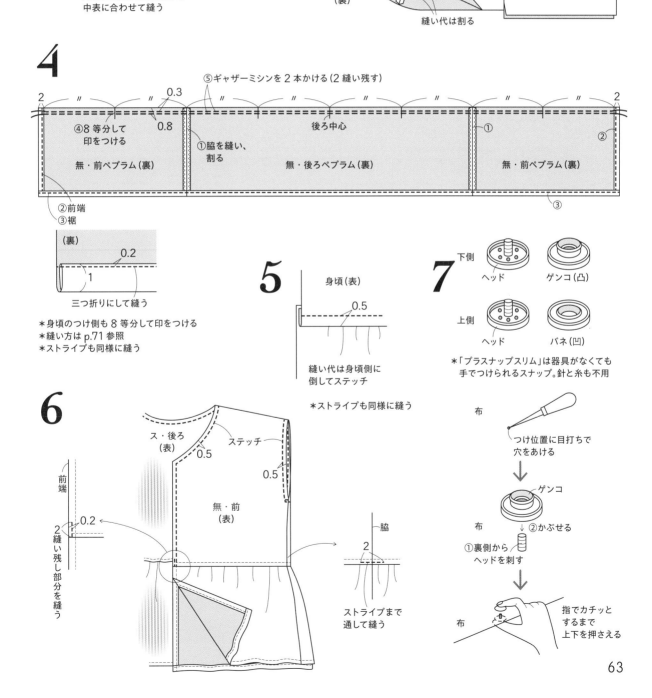

17 ワンピース風ベスト

⟶ p.20　実物大パターン **D**面

＊文中、図中の4つ並んだ数字は、サイズ S、M、L、LL。1つは共通

【出来上り寸法】

バスト … 128、134、140、146cm
着丈 … 93.5、93.5、94、94cm

【材料】

布[リネン] … 145cm幅 200cm
接着芯 … 90cm幅 40cm

【作り方】

準備　見返しに接着芯をはる。肩と脇の縫い代、見返しの外回り、袋布の直線部分にジグザグミシンをかける

1　肩を縫い、縫い代は割る (p.30参照)
2　衿ぐりを見返しで始末する (p.57参照)
3　袖ぐりを見返しで始末する (図参照)
4　前に袋布をつけて、見返しから続けてポケット口を残して脇を縫い、縫い代は割る (図参照)
5　もう1枚の袋布をつけて脇ポケットを作る (図参照)
6　裾を三つ折りにして縫う (図参照)
7　見返しを縫い代にまつる (図参照)

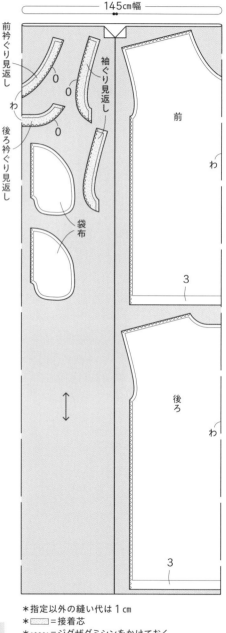

【裁合せ図】

＊指定以外の縫い代は1cm
＊▨ ＝接着芯
＊〜〜〜 ＝ジグザグミシンをかけておく

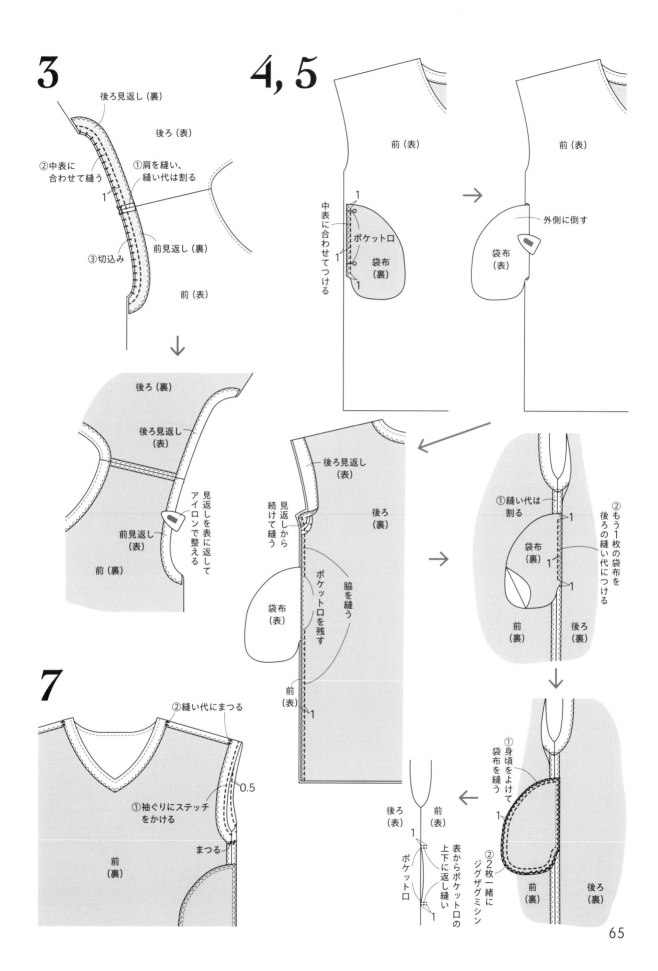

19 ビブス風リバーシブルベスト

⟶ p.22　実物大パターン **D**面

＊文中、図中の4つ並んだ数字は、サイズS、M、L、LL。1つは共通

【出来上り寸法】

胸幅…45.5、48.5、51.5、54.5cm
着丈…62.5、62.5、62.5、63cm（後ろ）

【材料】

布[表布／コットンストライプ]…
　112cm幅 80、80、120、120cm
布[裏布／コットン無地]…
　112cm幅 80、80、120、120cm
綿テープ…1.2cm幅 150cm

【作り方】

1　表布、裏布とも肩を縫い、縫い代は割る（図参照）
2　表身頃と裏身頃を中表に合わせて衿ぐりを縫い、
　表に返す（図参照）
3　まず、片方の脇の印と印を中表に合わせて縫い、
　肩から引き出して表に返す。
　もう片方の脇も印と印を中表に合わせて縫う
　（図参照）
4　表に返して返し口と縫い残しを目立たないように
　まつり、周囲にステッチをかける（図参照）

【裁合せ図】
＊表布、裏布共通

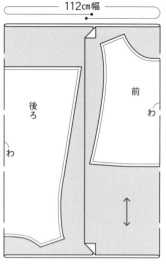

＊1cmの縫い代をつけて裁つ

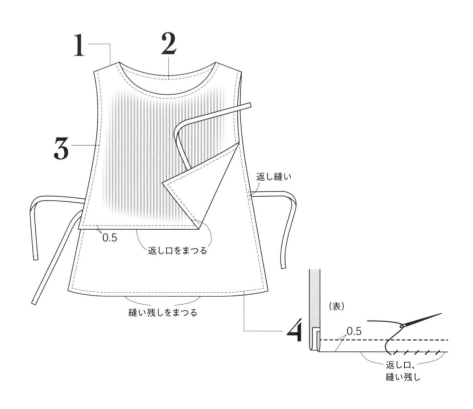

1, 2

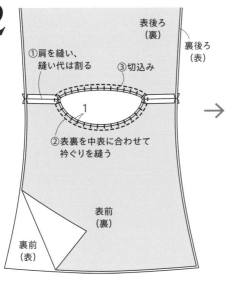
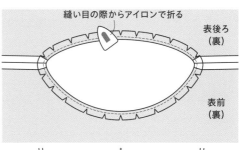
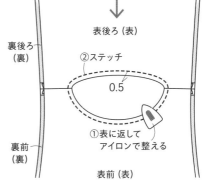

3

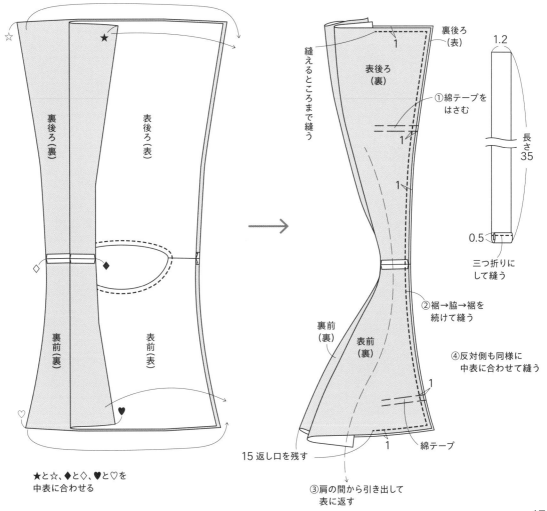

20 圧縮ウールの2色使いベスト

⟶ p.23　実物大パターン **D**面

*文中、図中の4つ並んだ数字は、サイズS、M、L、LL。1つは共通

【出来上り寸法】

胸幅 … 45.5、48.5、51.5、54.5cm
着丈 … 62.5、62.5、62.5、63cm(後ろ)

【材料】

布［前／圧縮ウール］… 145cm幅 50cm
布［後ろ／圧縮ウール］… 145cm幅 70cm
ベルベットリボン … 3cm幅 330cm

【作り方】

1　肩を縫って縫い代は割り、ステッチをかける（図参照）
2　衿ぐりと周囲にステッチをかける（図参照）
3　ベルベットリボンをつける（図参照）

*圧縮ウールは切りっぱなしで大丈夫。裁ち端にステッチをかけることで伸止めとほつれ止めになる

【裁合せ図】

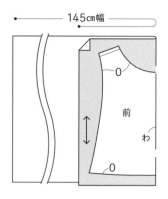

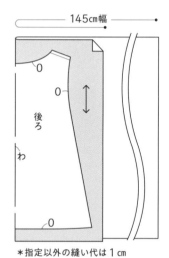

*指定以外の縫い代は1cm

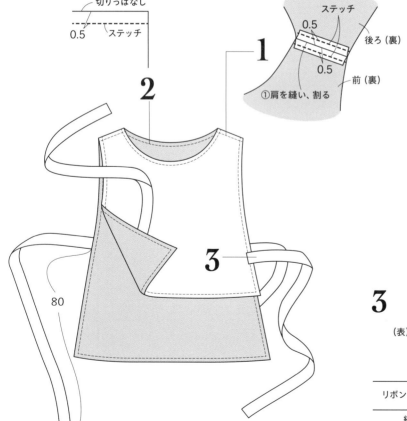

21 ビブス風ベスト

→ p.24　実物大パターン **D** 面

＊文中、図中の4つ並んだ数字は、サイズ S、M、L、LL。1つは共通

【出来上り寸法】
胸幅 … 45.5、48.5、51.5、54.5cm
着丈 … 62.5、62.5、62.5、63cm（後ろ）

【材料】
布［コットンピケ］… 110cm幅 120cm
ボタン … 直径2.2cmを2個

【作り方】
準備　肩の縫い代にジグザグミシンをかける
1　肩を縫い、縫い代は割る（p.30参照）
2　衿ぐりをバイアス布で始末する（p.30参照）
3　脇を三つ折りにして縫う（図参照）
4　裾を三つ折りにして縫う（図参照）
5　ボタンホールを作り、ボタンをつける（図参照）

【裁合せ図】

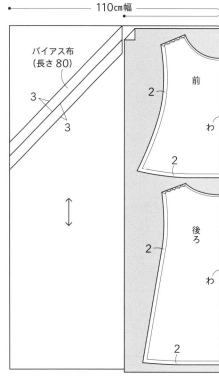

＊指定以外の縫い代は1cm
＊〜〜〜＝ジグザグミシンをかけておく

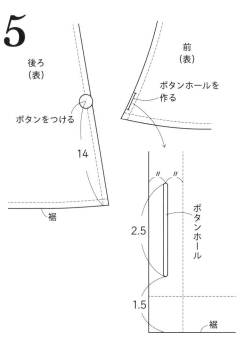

22 ペプラムつきベスト

⟶ p.25　実物大パターン **D**面

*文中、図中の4つ並んだ数字は、サイズ S、M、L、LL。1つは共通

【出来上り寸法】

胸幅…45.5、48.5、51.5、54.5cm
着丈…71、71、71、71.5cm

【材料】

布[コットンリネンチェック]…
　112cm幅 120、120、160、160cm

【作り方】

準備　肩の縫い代にジグザグミシンをかける
1　肩を縫い、縫い代は割る(p.30参照)
2　衿ぐりをバイアス布で始末する(p.30参照)
3　ペプラムにギャザーを寄せて身頃と縫い合わせる
　　(図参照)
4　バイアス布でひもを作る(図参照)
5　ひもをはさんで脇を三つ折りにして縫う(図参照)
6　裾を三つ折りにして縫う(図参照)

【裁合せ図】

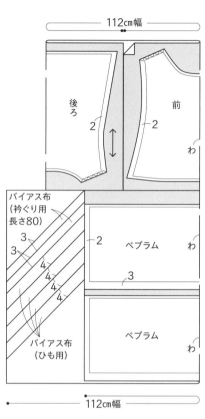

* 指定以外の縫い代は1cm
* 〰〰 =ジグザグミシンをかけておく

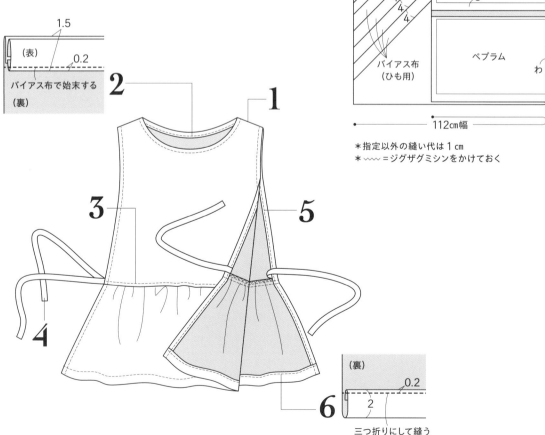

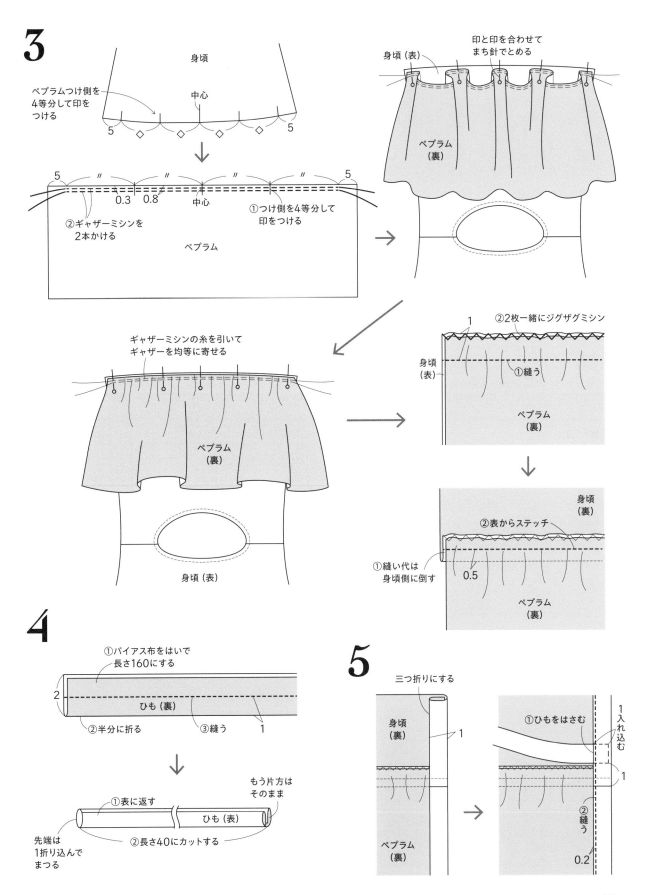

23 マフラーのリメイクベスト（L、LLサイズ）
⟶ p.26　実物大パターン **D** 面

24 マフラーのリメイクベスト（S、Mサイズ）
⟶ p.27　実物大パターン **D** 面

【裁合せ図】

【出来上り寸法】
バスト … 23 約110cm、24 約104cm
着丈 … 23 約77cm、24 約64cm
　　＊マフラーの端から後ろ裾まで

【材料】p.73【布の準備】参照
23
マフラー … 32cm幅 176cm（フリンジを含まず）を1枚
布[後ろ分／圧縮ウール] … 60×50cm
24
マフラー … 30cm幅 140cm（フリンジを含まず）を1枚
布[後ろ分／圧縮ウール] … 60×40cm

【作り方】
1　マフラーと後ろの上側を縫う（図参照）
2　マフラーと後ろの脇を縫う（図参照）
＊マフラーはどんなサイズでもOK。マフラーに合わせて後ろの着丈を調節する。
＊圧縮ウールは切りっぱなしで大丈夫。裁ち端にステッチをかけることで伸止めとほつれ止めになる

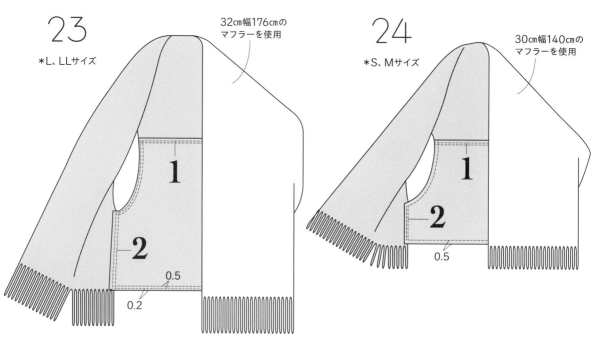

1

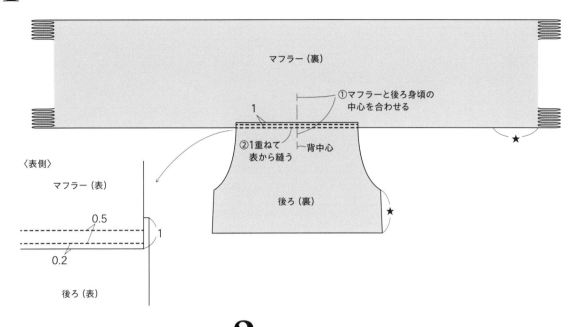

2

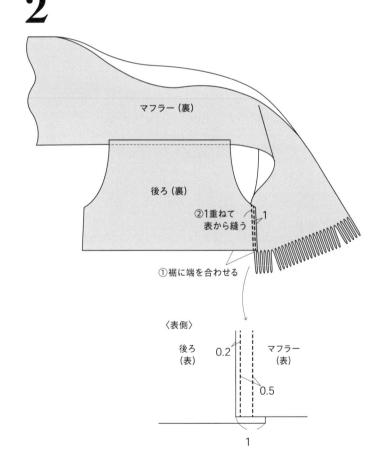

【布の準備】

布を用意する前にリメイクするマフラーの長さをはかって、布の大きさを決めてください。

① マフラーを半分に折る
② 背中心から58、64cmに印をつける
③ マフラーの残りの長さに合わせて後ろ身頃の脇の長さ(★)を調節する

＊マフラーのサイズに合わせて★の長さを調節する

25 ストール風ロングジレ

⟶ p.27　実物大パターン **D** 面

*文中、図中の2つ並んだ数字は、サイズ〈S、M〉、〈L、LL〉。1つは共通

【出来上り寸法】

バスト…〈S、M〉約129cm、〈L、LL〉約136.5cm
着丈…〈S、M〉約138cm、〈L、LL〉約142cm
　　　＊後ろ中心

【材料】

布[コットンリネン]…116cm幅250cm

【作り方】

1. 前の後ろ中心を縫い、縫い代は2枚一緒にジグザグミシン。右身頃側に倒してステッチ(図参照)
2. 後ろの袖ぐりをバイアス布で始末する(図参照)
3. 前と後ろの上側を縫う
4. 脇を縫い、縫い代は2枚一緒にジグザグミシン。前側に倒してステッチ(図参照)
5. 前端を三つ折りにして縫う(図参照)
6. 裾を三つ折りにして縫う(図参照)

＊23、24のアレンジで、後ろは裾を56cm延長する。前は、マフラーの代わりに長方形を2枚裁って縫う。

【裁合せ図】

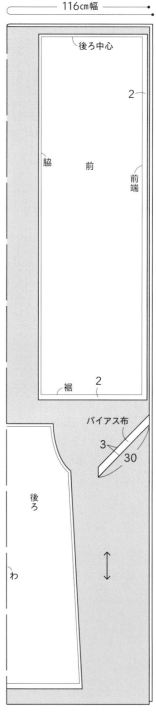

【前の製図】

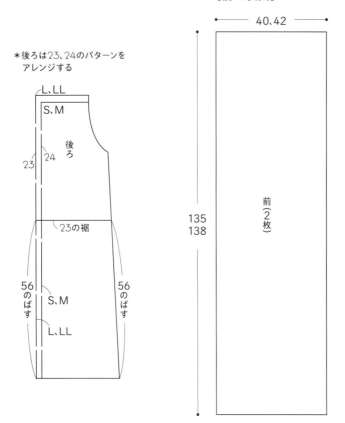

＊指定以外の縫い代は1cm

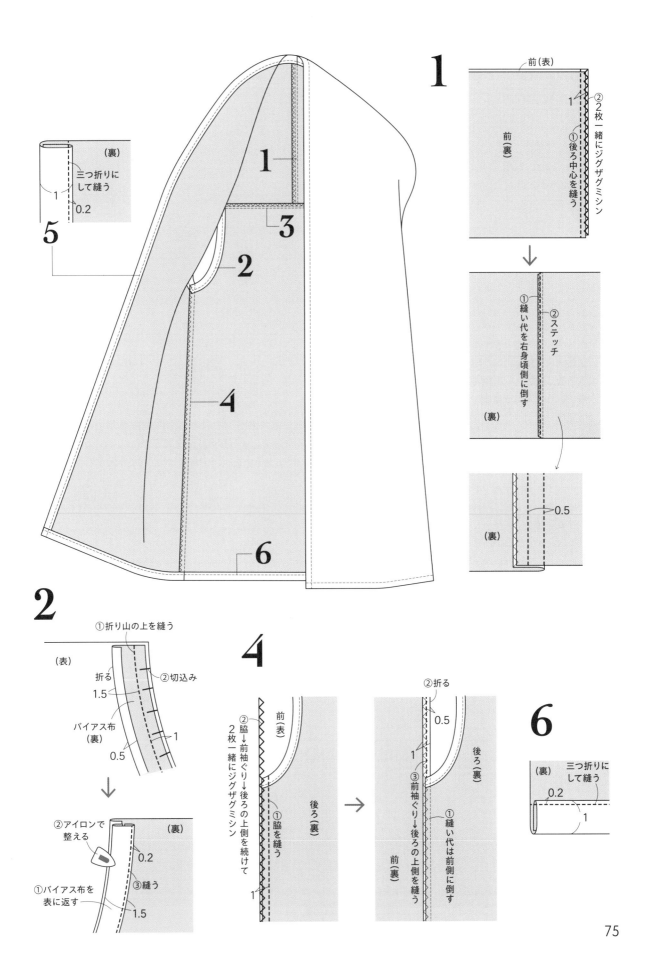

26 スタンドカラーのベスト

>>> p.28　実物大パターン **B**面

*文中、図中の4つ並んだ数字は、サイズ S、M、L、LL。1つは共通

【出来上り寸法】

バスト … 96.5、102.5、108.5、114.5cm
着丈 … 80、80.5、80.5、81cm

【材料】

布[ウールライクストレッチ ヘリンボーン]…
　145cm幅 120、120、150、150cm
ボタン … 直径2.7cmを1個
スナップ … 直径2cmを1組み

【作り方】

1　ポケットを作り、つける(図参照)
2　肩を縫って縫い代は割り、ステッチをかける(図参照)
3　衿を作り、つける(図参照)
4　脇を縫って縫い代は割り、ステッチをかける(図参照)
5　袖ぐりを二つ折りにして縫う(図参照)
6　前端の裾を縫い、前端にステッチをかける(図参照)
7　裾を二つ折りにして縫う(図参照)
8　ボタンとスナップをつける

*切りっぱなしでOKなポリエステル100%のウールライク地を使用。ジグザグミシンをかけなくても大丈夫なので、縫い代は二つ折りにして縫うだけ。

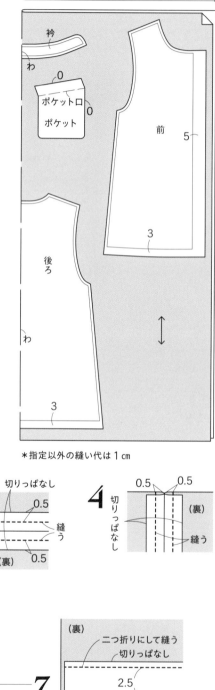

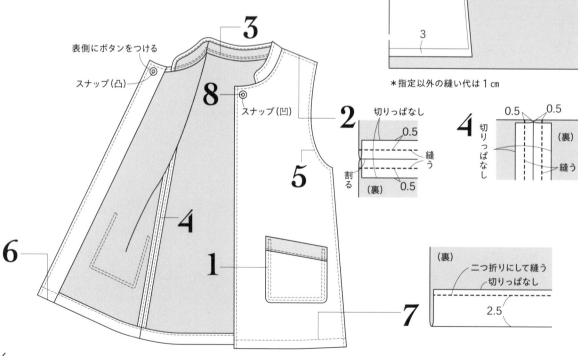

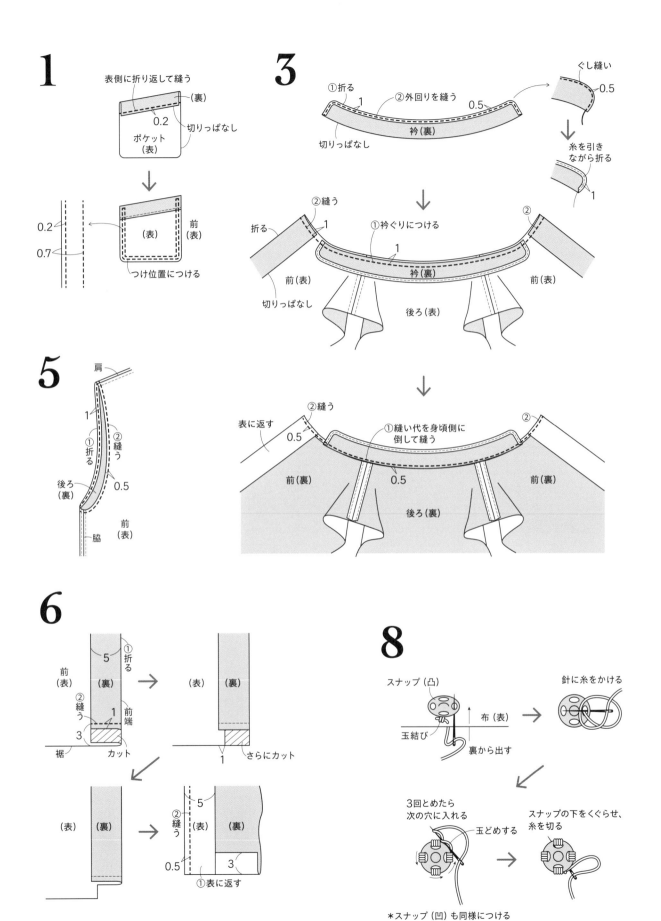

27 圧縮ウールの前後差ベスト

⟶≫ p.29　実物大パターン **D** 面

＊文中、図中の4つ並んだ数字は、サイズ S、M、L、LL。1つは共通

【出来上り寸法】
バスト … 98、104、110、116cm
着丈 … 76、76.5、76.5、76.5cm（後ろ）

【材料】
布［圧縮ウール］… 145cm幅 80cm

【作り方】
1. ポケットを作り、つける（図参照）
2. 肩を縫い、縫い代は割る
3. スリットを残して脇を縫い、縫い代は割る（図参照）
4. 衿ぐりと周囲にステッチをかける（図参照）

＊圧縮ウールは切りっぱなしで大丈夫。裁ち端にステッチをかけることで伸止めとほつれ止めになる

【裁合せ図】

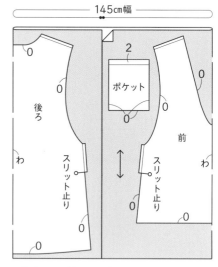

＊指定以外の縫い代は1cm

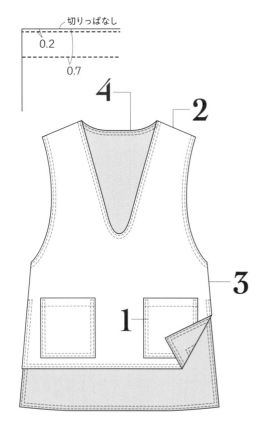

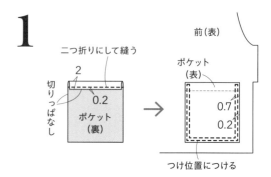

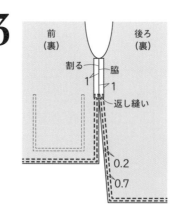

布地提供	ユザワヤ　tel. 03-3735-4141 https://www.yuzawaya.shop/ 16の両面、26
	Lini　tel. 0267-41-6243 https://linikaruizawa.stores.jp 1、2、3、5、6、7、9、10、14、17、18の無地、20の前後、27
布地協力	fabric-store https://www.fabric-store.jp/ 4、8、11、12、13、15、18のストライプ、19の両面、21、22、25
副資材提供	清原 https://www.kiyohara.co.jp/store/ （p.18のバネホック、p.21のプラスナップスリム）
撮影協力	クロバー　tel. 06-6928-2277（お客様係） https://clover.co.jp/ （p.30のまち針、p.31の裁ちばさみ、クラフトルーペ、アイロン定規）
	JUKI　tel. 042-357-2341 https://www.jukistore.com/ （p.30の家庭用ミシン HZL-CX3、ロックミシン MO-114DN）
	文化学園購買事業部　tel. 03-3299-2198 https://shop.bunka.ac.jp/ （p.30の文鎮、方眼定規、p.31の目打ち、糸切りばさみ、自動アイロン、 新スチームアイロン台、p.33のローヤルパウダーチョーク）
衣装協力	entwa　tel. 0742-42-9152 （p.5、6のブラウス、p.19のシャツ、p.6、19の右、26、28、29のパンツ）
	NAOT　tel. 0742-93-7786 （p.9、16、20、26の靴、p.7、17、27のサンダル、p.13のブーツ、p.14のサボ）
	paraboot AOYAMA　tel. 03-5766-6688 （p.18のブーツ、p.8、22、24のサンダル）
	nest Robe 表参道店　tel. 03-6438-0717 （p.23のパンツ）
	ヨーガンレール　tel. 03-3820-8803 （p.5、25のパンツ、p.5、28の靴）
	SARAH WEAR　tel. 03-5731-2741 （p.9のブラウス、スカート、p.16のパンツ、p.18のシャツ）
	dansko en…(Tokyo Aoyama)　tel. 03-3486-7337 （p.11の靴）
	SONO MITSU　tel. 03-3823-7178 （p.19の右、23、25の靴）

塚田紀子　Noriko Tsukada

横浜市出身。文化服装学院服装産業科卒業。卒業後すぐに結婚。夫とともに渡米し、アンティークショップや田舎の生活を見て回り、見聞を広める。帰国後、家事と育児をする一方で服飾関係の仕事に就くなどを経て、1997年に暮らしをトータルにプランニングする「Outside in（アウトサイド・イン）」を設立。いろいろな手作りの材料の販売や定期教室などを行なう。主な著書に『キモノ リメイク ソーイング』（文化出版局刊）がある。

HP：http://www.outsidein.jp/
Instagram：@outsidein_kamakura

ブックデザイン	わたなべひろこ（Hiroko Book Design）
撮影	加藤新作
スタイリング	南雲久美子
ヘア＆メイク	梅沢優子
モデル	amako
撮影（静物、プロセス）	安田如水（文化出版局）
協力	山口佳余、和気智子（Outside in）
トレース	八文字則子
パターングレーディング	上野和博
校閲	向井雅子
編集	堀江友惠　大沢洋子（文化出版局）

ベストなら作れそう
シンプルベストからロングジレまで27点

2024年11月3日　第1刷発行
2025年 4月1日　第2刷発行

著者　　塚田紀子
発行者　清木孝悦
発行所　学校法人文化学園 文化出版局
　　　　〒151-8524 東京都渋谷区代々木3-22-1
　　　　☎ 03-3299-2489（編集）
　　　　☎ 03-3299-2540（営業）
印刷・製本所　株式会社文化カラー印刷

© Noriko Tsukada 2024　Printed in Japan
本書の写真、カット及び内容の無断転載を禁じます。

● 本書のコピー、スキャン、デジタル化等の無断複製は著作権法上での例外を除き、禁じられています。
● 本書を代行業者等の第三者に依頼してスキャンやデジタル化することは、たとえ個人や家庭内での利用でも著作権法違反になります。
● 本書で紹介した作品の全部または一部を商品化、複製頒布、及びコンクールなどの応募作品として出品することは禁じられています。
● 撮影状況や印刷により、作品の色は実際と多少異なる場合があります。ご了承ください。

文化出版局のホームページ　https://books.bunka.ac.jp/